UNE PORTE DU REMPART DE FEZ.

LA RECONSTITUTION DE L'ANCIENNE BERBÉRIE

I

Dans le remaniement prochain que subira, suivant toute vraisemblance, la carte de l'Afrique septentrionale, la France, comme nous l'avons déjà indiqué, aurait tout droit de réclamer le Maroc, qui confine à ses possessions algériennes et qui doit politiquement et socialement disparaître. Elle ne saurait admettre qu'il s'y établisse un autre peuple que nous. Elle seule, en sauvegardant la liberté du détroit que les Anglais fermeraient à leur gré, s'ils avaient Tanger et Tetouan comme ils ont Gibraltar, peut, si le Maroc cesse d'exister comme État indépendant, protéger la communication entre l'Atlantique et la Méditerranée, c'est-à-dire mettre nos intérêts commerciaux et ceux des autres puissances à l'abri d'une tentative de blocus. Elle seule aussi peut donner au trafic d'exportation et d'importation des centres marocains actuels les plus larges garanties et les plus grands moyens de développement en étendant, quand le moment sera venu, le parcours des voies ferrées et en reliant non seulement Tanger à Fez, et Fez à Oudjda, Tlemcen, Oran, Alger, mais aussi Mogador et Mazagan à Maroc, pour raccorder cette dernière ville à Figuig, puis celle-ci aux marchés algériens et de là aux marchés tunisiens. Elle seule, enfin, pourrait avantageusement, pratiquement et pacifiquement réaliser le projet si souvent conçu de transformer les rades naturelles de la côte marocaine en ports entièrement sûrs et permettre ainsi d'utiliser les avantages exceptionnels qu'offriraient Tanger, Casablanco, Mazagan, Mogador, Agadir, pour faire circuler la vie dans tout le Maroc, soit en ouvrant des débouchés algériens et tunisiens aux provinces marocaines riveraines de l'Océan et si riches en productions agricoles maintenant inexploitées, soit en assurant tout l'essor à l'exploitation minière dont la prospérité ne serait pas moins grande.

Cette reconstitution de l'ancienne Berbérie servirait, dans ces conditions, d'une manière efficace et féconde la cause de la civilisation dans toute l'Afrique du Nord. La région plus méridionale en retirerait également, par une conséquence toute logique, de précieux profits. La conception n'est, du reste, pas chimérique et les événements peuvent la favoriser à date plus brève qu'on ne le pense. Des incidents de frontière ne naissent-ils pas à tout instant à propos du Touat, et la nécessité ne s'impose-t-elle point de les régler en exigeant du Sultan du Maroc la reconnaissance de nos positions acquises? Ces exigences légitimes ne provoqueront-elles pas un jour un conflit, et de celui-ci qui peut prévoir l'issue? Mais, si l'affaire prend une tournure grave, quelle ne serait point la faute irréparable de notre gouvernement s'il laissait échapper l'occasion de sortir de son rôle de chien du jardinier et s'il ne renouvelait pas au Maroc la campagne conduite naguère avec un si brillant succès en Tunisie grâce à Jules Ferry, à qui l'on rend aujourd'hui justice? En politique coloniale, il y a des heures qu'il faut savoir saisir, et où les hésitations sont fatales. L'Angleterre ne manquerait point de tirer pied ou aile de la situation. Pourquoi, sous des prétextes spéculatifs et pour des raisons qu'on ne doit pas invoquer, quand on est une grande nation, refuserions-nous de suivre l'exemple britannique?

II

Cette ancienne Berbérie, dont nous croyons la reconstruction possible, était plus vaste que ne le serait notre Afrique septentrionale formée de la Tunisie, l'Algérie et le Maroc. Elle comprenait en outre, à l'est, la Tripolitaine, qu'il serait peut-être expédient de laisser subsister comme État tampon entre la Tunisie et l'Égypte. Elle enfermait aussi dans ses limites le Sous, ce Pérou du Maroc, qui était encore indépendant avant 1873 et que le sultan Moula-el-Hassan rattacha depuis à sa couronne, sachant bien ce que vaut ce fleuron, ce que peuvent rapporter les mines de cuivre de cette région, ses céréales, ses oliviers et ses amandiers, connaissant enfin l'utilité d'Agadir, si on fortifie sérieusement ses hauteurs, pour la défense de la côte.

Une série de circonstances topographiques contribuent à rendre toute la Berbérie éminemment propre à la colonisation, comme nous en avons fait d'ailleurs l'expérience concluante en Algérie et en Tunisie. Elle appartient en effet, physiquement, au système dessiné par le bassin de la Méditerranée, quoique sa configuration soit déterminée par l'Atlas. Elle est abondamment irriguée, et en ce qui concerne plus particulièrement l'Atlas marocain et ses ramifications, les huit grands fleuves qui y prennent naissance avec leurs affluents pourraient, si on les utilisait savamment et sagement (1), faire du Maroc « une petite Égypte (2) ». Les ports, ainsi qu'on l'a vu plus haut, ne font pas défaut. Quant à l'intérieur du pays, la fertilité y est d'autant plus grande que, sauf sur la côte méridionale, le sol y est très rarement sablonneux ou pierreux. On sait, au surplus, que dans l'antiquité les Carthaginois, les Grecs et les Romains faisaient le plus grand cas des récoltes de ce pays, et aucune des influences naturelles qui secondaient ces rendements si vantés n'a disparu. La nature, jalouse de ses trésors, les a, il est vrai, recélés avec avarice, mais l'homme peut s'en rendre maître, comme il l'a fait ailleurs, et même plus facilement.

Aussi les Phéniciens, quand ils abordèrent, vers l'an 1000 avant notre ère, sur cette côte nord de l'Afrique, s'y établirent-ils à demeure, en y fondant toute une chaîne de villes : Utique, Hippone, Hadrumetum, Leptis et plus tard Carthage. Ils ne pénétrèrent pas bien avant dans les terres où s'étaient fixés, au nord-ouest, les Maures et, à l'est, les Numides ; ils se bornèrent à faire le commerce de cabotage avec les riverains depuis les Syrtes jusqu'au détroit de Gibraltar et à envoyer quelques caravanes chez leurs voisins d'Afrique et quelques navires marchands dans les ports maritimes de la Méditerranée. Parmi ces voisins vinrent figurer à l'est, vers le septième siècle avant Jésus-Christ, des Grecs qui bâtirent Cyrène, point de départ de leurs jalonnements dans toute la Pentapole Cyrénaïque et le plateau de Barca (Djebel Akdar). Ces Grecs étaient des sédentaires, tandis que les Numides et les Maures menaient la vie errante, partagés en tribus indépendantes et presque complètement incivilisés, tels les Gétules.

Dès la seconde guerre punique, les Romains prirent pied dans le nord de l'Afrique. Syphax et Masinissa étaient alors les plus puissants des chefs de ces hordes numides, divisées entre elles. Carthage prit parti pour le premier. Rome soutint le second, et ce fut Rome qui triompha. La défaite de Syphax eut pour résultat l'incorporation de son royaume à celui de Masinissa. Carthage, définitivement vaincue, devint sous le nom d'Afrique une province romaine. Les ferments de révolte y subsistèrent. La guerre de Jugurtha le démontra. Prisonnier de Marius, puis étranglé à Rome, son territoire fut annexé également. La Mauritanie eut le même sort quand le roi Juba, rangé avec son peuple armé sous les enseignes de Pompée, eut succombé aux efforts de César, qui l'emmena à Rome pour orner son triomphe. Auguste rendit la couronne au fils de Juba, dont l'autorité ne fut plus que nominale. Caligula fit assassiner le successeur de ce pseudo-souverain et annihila son royaume qu'il scinda en deux provinces romaines.

Le nord de l'Afrique ainsi subjugué par les Césars, ceux-ci y étendirent leur territoire (*prolantando pomœria imperii usque ad Africam*) et lui donnèrent pour frontières, d'une part, la Grande Syrte, de l'autre, les côtes de l'Atlantique.

Ce vaste empire africain rivalisa de prospérité avec Rome même. Les villes importantes qui s'y fondèrent successivement atteignirent rapide-

(1) Pour le versant océanien, le Sebou, l'Omm-el-Rbiah, le Tensift, le Sous ; pour le versant du Sahara, le Drah, le Tafilet, l'Oued Guir ; pour le versant méditerranéen, la Moulouia.
(2) Voir L. DE CAMPOU, *Un Empire qui croule* (le Maroc), librairie Plon.

ment l'apogée de leur splendeur, et leurs ruines, vraiment grandioses, attestent encore aujourd'hui leur puissance, par exemple, celles de El-Haman en Tunisie, de Sava et Musulupium en Algérie, de Lambesse dans les monts Aurès au sud du Sahara.

Pour contenir les populations de cette immense région, Rome n'y garda que deux légions formant environ vingt-quatre mille hommes; mais tel était le respect inspiré par ses armes, que ce nombre restreint de troupe, réparties sur plusieurs points, suffit pour dominer les Africains et pour protéger la construction des grandes routes militaires, l'achèvement des aqueducs de Russicada, Hippone et Cirta, des temples et amphithéâtres de Calama et Anuna, destinés à gagner l'amitié des peuples par la force et les jeux, ces deux leviers de la politique romaine.

Constantin remania la division administrative de l'Afrique et, après le partage de l'empire entre l'Orient et l'Occident, cette division subit encore des changements. Les discussions religieuses, les réveils de l'insoumission, les querelles entre les généraux, gouverneurs des provinces, leurs sortes de *pronunciamientos,* ayant pour objet de s'émanciper de la tutelle romaine, toutes ces causes et d'autres affaiblirent la solidité du ciment de l'édifice africain. Les Vandales s'en emparèrent facilement et en restèrent les possesseurs de 429 à 533, jusqu'à ce que Bélisaire, en cette dernière année, les eût écrasés.

Mais au cours de la période des Vandales mêmes, des insurrections avaient éclaté parmi les Numides et les Maures, dont Rome croyait n'avoir rien à craindre. Ils profitèrent de la chute des Vandales et de la décadence de la plupart des colonies romaines d'Afrique pour redoubler d'audace dans leurs révoltes. Bientôt toutes les tribus de l'intérieur reconquirent leur liberté et s'emparèrent de la Tingitane, région du littoral. Byzance ne resta plus maîtresse que de Carthage et de quelques points sur la côte. Le flot arabe vint, au septième siècle de notre ère, inonder l'ancienne Afrique romaine. En 647, Abdallah ben Saïd, parti d'Égypte avec quarante mille hommes, battit le préfet Gregorius près de Tripoli. Cependant les vainqueurs ne poursuivirent leur marche qu'à partir de 665 jusqu'en 670. Akbah, qui était à la tête des Arabes, conquit toutes les grandes villes du littoral, de Tripoli à Tanger, fonda Kairouan, poussa jusqu'au rivage de l'Atlantique et jusqu'au grand désert. Les tribus de ces dernières régions l'arrêtèrent pendant quelque temps, mais les Arabes ne désarmèrent point et, en 692, Hassan, général du calife Abd-el-Malek, mit fin à la domination gréco-romaine en Afrique.

Carthage fut prise, pillée et détruite par les Arabes. Les populations africaines leur opposèrent encore quelque résistance, mais elles furent vaincues enfin et converties à l'Islam. Le principal auteur de cette conquête territoriale et religieuse fut Mussa ben Noseir, quoiqu'il ne lui fût pas facile d'opérer la conversion des Kabyles, issus de Vandales et de Numides, et réfugiés dans l'intérieur du pays, où ils vivaient insoumis et sans foi. Les représentants de l'autorité du calife dans le nord de l'Afrique résidèrent à Kairouan, mais leur pouvoir ne fut pas assez fort pour maîtriser ces mêmes Kabyles rebelles à toute loi et prenant les armes à chaque chute de dynastie.

En 789, les provinces de l'ouest se séparèrent des autres et Edris-ben-Abdallah fonda le royaume du Maghreb-el-Aksa, qui devint le Maroc. La dynastie des Edrissites consolida ensuite sa puissance. Edris II (Edris ben

Edris) organisa le royaume de Fez. Peu de temps après, Ibrahim ben Aghlab, dernier gouverneur nommé par le calife, s'insurgea à son tour et devint le fondateur de la dynastie des Aglabites qui régna jusqu'en 908 à Kairouan.

A vrai dire, ces dynasties ne furent pas de longue durée. Obéid Allah, qui créa celle des Fatimites, défit les Aglabites en 908 et les Edrissites en 941 ; mais en 980 les Zéirites leur enlevèrent toutes leurs possessions. Moins d'un siècle après, le Maghreb tombe, en 1009, aux mains des Almoravides, que les Normands de Sicile dépouillent en 1148 de leurs provinces de l'Est, pendant que les Almohades leur arrachent, en 1146, la Mauritanie africaine et même les provinces maures d'Espagne conquises en 1091. Les Almohades font également main basse, en 1159, sur les provinces accaparées par les Normands. La succession des chutes dynastiques se poursuit. Au treizième siècle, les Almohades sont défaits en Espagne, et leurs dissensions font surgir à Tunis les Hafsides, en 1206 ; à Tlemcen, les Zianides, en 1248. Enfin les Merinites détruisent les Almohades en 1269.

III

Ces changements ininterrompus de dynasties et de politiques sont si précipités et se ressemblent tellement que la narration historique même en est presque monotone et fastidieuse. Ils désagrégèrent la puissance africaine du nord, qui se décomposa en souverainetés indépendantes, auxquelles on attribua le nom d'États barbaresques et qui eurent pour centres et capitales Alger, Oran, Bougie, etc. C'est vers cette époque que commença la réaction de l'Occident chrétien contre l'Afrique. Les Maures d'Espagne furent rejetés dans le Maghreb, où ils s'abritèrent principalement sur les côtes dont les ports devinrent des nids de pirates, agissant d'abord par représailles contre les puissances qui les persécutaient, puis par esprit de rapine. Les Espagnols, sous Ferdinand le Catholique, s'efforcèrent de les rendre tributaires, débarquèrent en Afrique, prirent Ceuta, Mellila, Oran, Bougie, l'île d'Alger, et en 1509, Tripoli, Tlemcen, Tunis. De leur côté, les Portugais opérèrent une descente sur la côte du Maroc, d'où, après de grands progrès, ils furent forcés de se retirer.

Ces avantages des chrétiens sur les mahométans du nord de l'Afrique déterminèrent des relations entre ceux-ci et les Turcs. Alors commence réellement l'histoire de la Berbérie, les Turcs ayant formé le dessein d'ériger la piraterie en système et créant à cet effet des ports de refuge. Les Espagnols voulurent empêcher cette politique en attaquant l'émir de la Mitidja. Ce dernier appela au secours le chef de pirates turcs Horuk Barberousse, qui, au lieu de venir en aide à ses alliés, s'empara de leur pays et se fit proclamer sultan. Tué dans un combat en 1518, il eut pour successeur son frère Kaireddin (Hariadan) Barberousse, qui, ne pouvant se mesurer seul avec l'Espagne, sollicita l'appui du sultan de Constantinople Sélim Ier. Kaireddin repoussa les Espagnols et, prenant le titre de pacha, s'efforça d'établir la domination turque sur tout le nord de l'Afrique. Il n'y parvint pas. Mouléi-Hassan, bey de Tunis, le repoussa en 1534, mais l'année suivante le vainqueur lui-même, battu par

Charles-Quint, dut se reconnaître tributaire de l'Espagne, qui entra également en possession de la Tripolitaine, grâce aux chevaliers de Malte.

L'Espagne n'escompta pas longtemps ces succès. En 1551, le capitan-pacha Sinan reconquit Tripoli et, en 1575, Tunis; il les soumit l'une et l'autre à la suzeraineté du sultan. Dans le même siècle et au cours des trente années qui s'écoulèrent, de 1520 à 1556, les descendants du chérif arabe Mullah-Mohamed renversèrent les races mérinites de Maroc, Fez et Velez pour fonder la dynastie chérifienne qui règne encore aujourd'hui.

IV

L'histoire du Maroc peint bien, dans ses retours continuels de despotisme supplantant un autre despotisme, non seulement l'esprit de ceux qui l'ont gouverné depuis des siècles, mais aussi les idées de ceux qui ont, pendant la même durée de centaines d'années, subi ce gouvernement. En haut, une seule préoccupation : assurer par tous les moyens, y compris le crime, l'existence d'une autorité absolue, appuyée sur l'inertie absolue; en bas, l'incurie systématique se reposant sur le fatalisme. Une seule intervention européenne, dans ce milieu de torpeur voulue et de résignation lâche, a démontré ce que l'on pouvait faire de ce pays en le civilisant. Les Portugais, qui eurent des établissements sur la côte du Maroc et sur l'Océan, de 1468 à 1769, c'est-à-dire pendant trois siècles, y ont laissé des souvenirs d'activité que les traditions marocaines elles-mêmes exaltent encore maintenant. Ils avaient créé des débouchés commerciaux et des centres stratégiques, enseignant aux populations africaines quelles doivent être les assises d'une colonie durable et quelles graines y doivent être jetées en terre pour fructifier. S'ils n'avaient pas abandonné ce champ déjà si bien cultivé par eux, pour aller chercher aux Indes orientales les mirages de la fortune, ils compteraient aujourd'hui parmi les grandes puissances. Mais ce qu'ils ont fait pendant leur occupation des points du Maroc, où ils semèrent les richesses qu'ils laissèrent ensuite dépérir, pourrait servir de leçon à la France le jour où elle recueillerait l'héritage du chérifat.

Charles SIMOND.

PORTE D'ENTRÉE D'UNE MAISON PARTICULIÈRE A FEZ.

FEZ

LA VILLE SAINTE.

I

Fez est entouré d'une enceinte de hautes murailles construites en pisé et crénelées. Deux fortins en ruine s'élèvent sur des collines qui dominent la ville, à l'est et à l'ouest. Bâtie sur les deux versants d'un immense ravin, au fond duquel coule l'oued Fez, la ville est divisée en deux parties distinctes : *Fez-Medina* (le vieux Fez) et *Fez-El-Djedid* (le nouveau Fez).

Nous franchissons une première porte et suivons d'abord un large boulevard, ouvert entre le rempart et les vastes bâtiments de la manufacture d'armes, nouvellement aménagés et dans lesquels une mission d'officiers italiens organise un matériel spécial, destiné à la fabrication des armes pour les troupes chérifiennes.

Une seconde porte nous donne entrée sur une sorte de vaste chemin de ronde, large d'une trentaine de mètres, enfermé entre deux hautes murailles, longé sur un des côtés par un des bras de la rivière qui traverse la ville.

Ce chemin est peuplé de mendiants, truands et malingreux, aux trois quarts nus, qui étalent leurs plaies ou leurs infirmités en psalmodiant d'une voix lamentable des invocations à la charité des passants.

Une troisième porte à franchir, et nous entrons dans *Fez-Medina*. Mais le défilé, dans un véritable dédale de rues escarpées, sales, étroites, tortueuses et encombrées de cavaliers et de piétons, est extrêmement difficile. Notre mokrasni et notre guide ont toutes les peines du monde à nous frayer un passage dans cette foule grouillante qui encombre les couloirs obscurs par lesquels nous sommes obligés de passer. Parfois, il nous faut même revenir sur nos pas et faire de longs détours pour que nos mulets de charge aient la place de passer. Enfin, après trois quarts d'heure de marche, nous parvenons à atteindre la maison de Sidi Omar Barrada, riche Marocain de Fez, faisant fonctions d'agent consulaire espagnol, pour lequel nous avons une lettre de recommandation et chez qui on nous fait espérer que nous pourrons trouver un gîte en attendant que le Pacha nous assigne un logement.

Omar Barrada nous accueille très cordialement. C'est un homme de cinquante et quelques années, à figure franche et ouverte. Il est vêtu d'une courte veste bleue et d'un large pantalon bouffant de toile grise. Sa tête est couverte d'un petit fez rouge. Il ne porte ni turban, ni burnous, ni haïck, ni djelaba, contrairement aux usages des Maures de Fez. Il s'exprime correctement en espagnol et passe pour un esprit avancé, ennemi du fanatisme, qui a rapporté de ses voyages en Europe des idées beaucoup plus larges que celles que ses compatriotes ont sur les chrétiens et sur la civilisation.

Il nous conduit, à côté de chez lui, dans une petite maison dont le rez-de-chaussée se compose d'une vaste écurie où nous installons nos bêtes. Un escalier étroit et raide débouche à l'étage supérieur, sur une cour sur laquelle s'ouvrent trois petites pièces entièrement nues, blanchies à la chaux, sans fenêtres, qui composent l'appartement qu'il peut mettre à notre disposition.

Ce logement est loin d'être gai ! La cour intérieure, qui est la seule ouverture extérieure par laquelle puissent entrer l'air et la lumière, a quatre mètres de long sur trois de large; la plus grande des trois chambres est longue de six mètres, mais n'a pas deux mètres de largeur. Comme les deux autres, elle n'est éclairée que par la porte ouvrant sur la petite cour centrale. Nous n'y aurons donc guère plus de vue que dans une prison. Comme nous n'avons pas l'embarras du choix, nous faisons contre mauvaise fortune bon cœur et dressons nos petits lits de camp dans la plus grande chambre, abandonnant les deux autres pièces à nos hommes auxquels une mauvaise natte tient lieu de tout ameublement.

Tel qu'il est, ce logis nous procurera du moins un abri provisoire sous lequel nous pourrons nous reposer en toute sécurité.

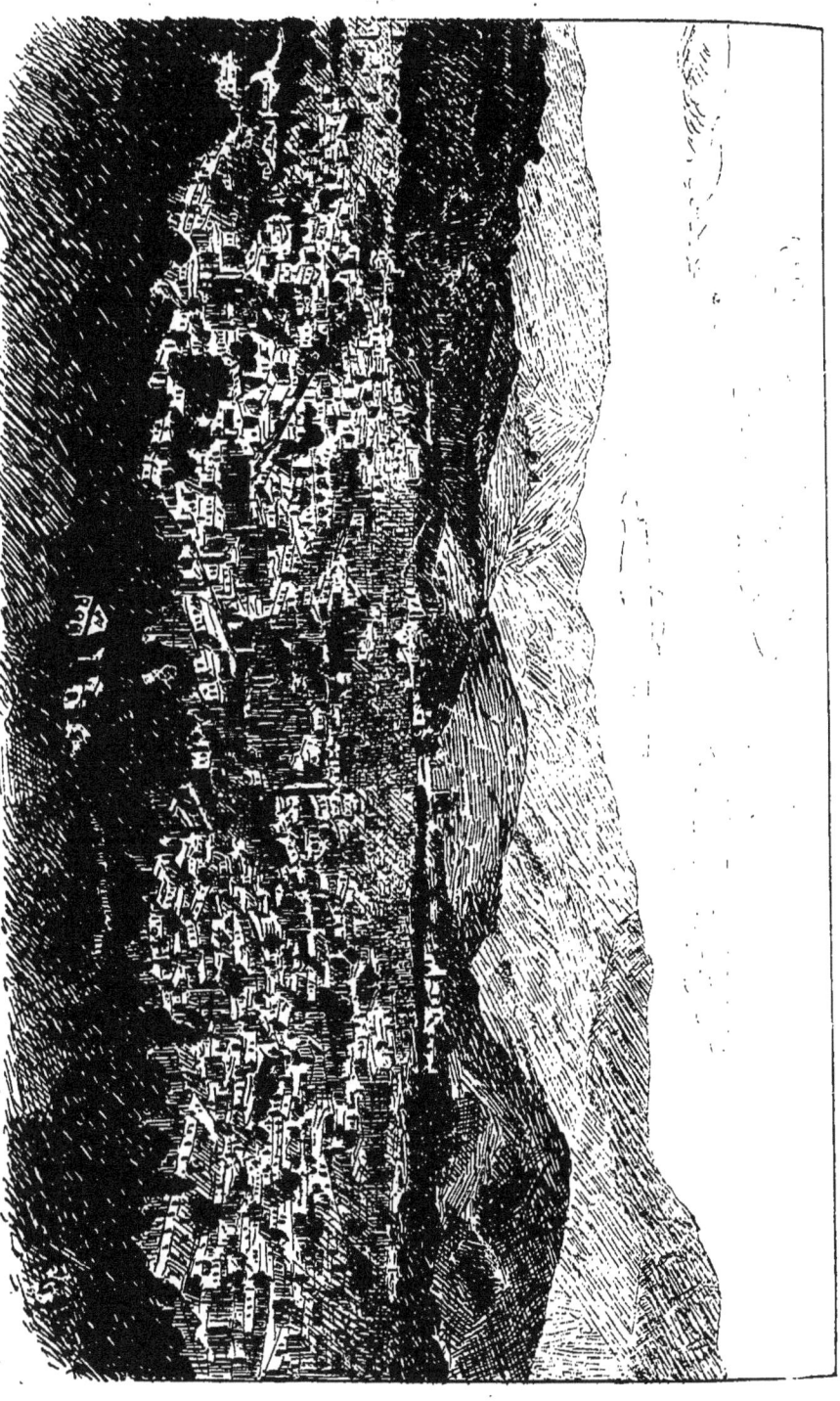

VUE GÉNÉRALE DE FEZ.

Notre premier soin est de procéder à d'amples ablutions dont nous avions grand besoin, car il y avait juste sept jours que nous ne nous étions déshabillés !

Après quelques instants de repos nous descendons avec notre guide, et commençons immédiatement la visite de la ville.

II

Fez (Faz des Marocains) a été fondé en 808 par le sultan Si Mouley-Idrin. Elle passait, au moyen âge, pour une des plus belles et des plus grandes villes de l'Islam. On y comptait, dit-on, 90,000 maisons et 785 mosquées. Elle était surtout célèbre par ses écoles et ses nombreuses institutions scientifiques. Mais elle a suivi la décadence de la civilisation musulmane et a surtout perdu de son importance, lorsque le royaume de Fez, ayant été réuni à celui du Maroc, la capitale de l'Empire fut transportée à *Marakech*.

Elle n'est plus aujourd'hui que l'ombre de ce qu'elle était jadis, mais elle n'en demeure pas moins encore une ville importante. Elle possède plus de cent mille habitants et compte cent dix mosquées dont la plus célèbre est celle de *Mouley-Idrin*, où se trouve le tombeau de ce saint et qui est considérée comme un asile inviolable.

Il y a, à Fez, sept écoles publiques qui enseignent la théologie, l'astronomie, les mathématiques et la médecine. L'enseignement qu'on y reçoit est, paraît-il, absolument arriéré, barbare et contraire à toutes les idées scientifiques du monde civilisé. Ce qu'on y enseigne le mieux, c'est le fanatisme. Mais les écoles n'en sont pas moins très fréquentées et elles reçoivent des disciples des points les plus éloignés du monde mahométan. Les *tolbas* qu'elles forment se répandent ensuite dans tout l'Islam pour y prêcher le Coran et la haine du chrétien.

C'est dans le quartier de *Fez-el-Djedid*, placé dans une situation plus élevée, et mieux bâti que *Fez-Medina*, que se trouvent le palais et les harems du sultan, les principaux logements du *Marhzen* et le quartier juif ou *Mellah*. Les Juifs habitent, en effet, un quartier séparé du reste de la ville où on les enferme la nuit et dont il leur est expressément défendu de sortir, dans le jour, autrement que pieds nus.

Fez est la ville la plus industrielle de l'empire. On y fabrique des étoffes de soie, des habits de laine, des bonnets en feutre (fez ou chéchias), des babouches (ou pantoufles en maroquin très estimées), de beaux tapis, de l'orfèvrerie, des objets de sellerie, de la faïence, etc. Chaque profession occupe un quartier spécial.

Les rues tortueuses, étroites, coupées fréquemment à angle droit, présentent un véritable labyrinthe, absolument inextricable pour les étrangers. La ville se divise en trente-deux quartiers et chacun d'eux se subdivise, lui-même, en trois ou quatre sections, fermées chacune par une porte spéciale, pendant la nuit. Il existe ainsi cent et quelques portes intérieures isolant entièrement les sections les unes des autres, dès la nuit venue. Lorsqu'un vol nocturne a été commis, si l'on ne parvient pas à découvrir le coupable, les habitants de la section sont collectivement responsables et doivent indemniser le volé.

La maison d'Omar Barrada est située au centre de *Fez-Medina* ou *Fez-Bali* (Fez le vieux), la sombre ville sainte. Notre guide nous a prévenus qu'avec nos costumes d'Européens nous ne pouvons circuler à pied au milieu d'une population aussi fanatique. Le décorum exige, du reste, que toute personne de qualité ne sorte que montée et précédée d'un ou plusieurs serviteurs qui lui font faire place. Il a fait préparer nos mulets, et c'est à la file les uns des autres, le Mokrasni en tête, le guide à l'arrière-garde, que nous nous engageons dans les ruelles sombres, tellement étroites que nos étriers et nos genoux raclent les grandes murailles noirâtres entre lesquelles nous cheminons. Lorsque nous passons, les gens, avertis par les cris de « *Balak! Balak!* » que poussent continuellement nos hommes, sont obligés de se plaquer contre les murailles, de reculer ou d'entrer sous les portes pour nous laisser passer. Dans le haut, les murs des maisons se rapprochent et se rejoignent presque, laissant à peine filtrer un pâle rayon de soleil. Il faut, à tout moment, se coucher en avant sur sa selle pour franchir des voûtes si basses qu'elles peuvent tout juste livrer passage aux piétons. A chaque instant, nous devons nous-mêmes nous arrêter sous les portes cochères pour laisser passer d'autres cavaliers ou des mules chargées. Nous traversons ainsi une interminable série de petits couloirs, très sombres, longeant de grands murs décrépis, sur lesquels ne s'ouvre aucune fenêtre, mais où sont parfois percés des trous munis de solides grilles.

Brusquement, au moment où nous nous y attendons le moins, une large ogive bordée d'arabesques et entourée de mosaïques s'ouvre dans un mur noir et, par cette ouverture, nous apercevons une immense cour, dallée de marbre, inondée de lumière. Au fond, un grand portique à arcades laisse plonger la vue sur une véritable forêt de colonnes, soutenant des cintres qui se succèdent dans une perspective infinie. Des centaines de lampes brûlent sous les voûtes, jetant leurs pâles lueurs sur une foule de fidèles, prosternés sur les dalles de marbre blanc. C'est un spectacle grandiose et inoubliable!

A gauche, une fontaine jaillit sous une sorte de kiosque formé de légères colonnes torses portant un dôme dont les arceaux sont festonnés en fines dentelures. Plusieurs Maures y font leurs ablutions. Nous sommes devant une des cent portes de la fameuse mosquée de *Karaouïne*.

Karaouïne la sainte, la célèbre école des docteurs de l'Islam, ces farouches *tolbas* qui, chaque année, se répandent dans tout le monde mahométan pour prêcher aux disciples de Mahomet la guerre contre les infidèles ! C'est de ce lieu sacré que le mot d'ordre est donné à toute l'Afrique musulmane.

Mais nous ne pouvons nous arrêter longtemps à ce merveilleux tableau oriental. L'entrée des mosquées est interdite aux chré-

ENVIRONS DE FEZ, LE LABOURAGE.

tiens sous peine de mort et le seul fait d'y jeter un regard profane pourrait nous attirer les plus graves désagréments. Nous sommes obligés de nous éloigner et nous nous trouvons bientôt replongés dans la triste pénombre de ces grands murs gris qui arrêtent la lumière au-dessus de nos têtes.

De loin en loin, nous traversons une petite place baignée de soleil où pousse un arbre vert ou quelque pied de vigne à l'énorme tronc séculaire. Puis, soudain, on se croirait de nouveau au fond d'un souterrain, si la circulation des citadins, enveloppés de leurs blancs burnous ou majestueusement drapés dans leurs guenilles grises, ne rappelait que l'on visite une des capitales du *Maghreb*.

Mais voici que nous débouchons sur une placette sur laquelle paraît s'ouvrir un antique palais dont la splendeur devait être incomparable. Une immense porte ogivale, ornée d'arabesques admirables, rappelle les plus beaux portails de l' « Alhambra ». Un large linteau en bois sculpté déborde d'un fronton splendidement fouillé. Mais la patine du temps a éteint les vives couleurs des faïences, rongé les boiseries, écorné les sculptures, et a donné à cette somptueuse et artistique façade un cachet de vétusté et de décrépitude absolument indescriptible. Curieux des richesses que doit recéler cet édifice, nous jetons un coup d'œil à l'intérieur; mais nous sommes déçus. Cette admirable porte, digne du plus grandiose des palais, s'ouvre sur un prosaïque foudouk, où sont entassés, au milieu des ordures, des ballots de marchandises.

UN MARCHÉ AUX PORTES DE FEZ.

Voici maintenant le quartier des marchands, le *Bazar*. De longues rues recouvertes de planches, jetées d'un mur à l'autre, de roseaux, de nattes, de branchages, qui les mettent à l'abri du soleil, sont bordées, de chaque côté, par une suite ininterrompue de boutiques, sortes d'échoppes, de niches, ouvertes à un mètre au-dessus du sol, dans lesquelles le marchand, toujours accroupi au milieu de ses marchandises, a juste la place de se mouvoir. Les objets offerts à la vente sont étalés ou suspendus à des ficelles tout autour du vendeur impassible qui, toute la journée, fume du kif et semble indifférent à tout ce qui se passe autour de lui. Le chaland examine et achète de la rue. Et les acquisitions sont faites avec la même indolence, la même attitude apathique de la part du vendeur comme de celle de l'acheteur : ces gens-là ne perdent pas leur temps en paroles inutiles. Ils ont l'air de ne pas avoir même la force de causer; ils sont absolument avachis, ces descendants des fiers conquérants de l'Espagne!

Ce qu'il est impossible de décrire, c'est l'éclatant bariolage que présentent certaines rues du Bazar. Ici, s'étalent des étoffes de tous genres : haïks, ceintures, soieriés qui flottent au vent comme des oriflammes, et c'est une orgie de couleurs criardes, où les nuances les plus crues du vert, du rouge et du bleu éclatent en une symphonie de notes perçantes.

Là, ce sont des objets de sellerie pour lesquels le maroquin et le velours, aux teintes voyantes, sont employés de préférence.

Plus loin, c'est la rue des marchands de babouches, toujours rouges ou jaunes, simples ou finement brodées d'or.

Le bazar des tapis offre aussi aux yeux éblouis un luxe inouï de couleurs qui éclatent et s'étalent, de quelque côté que l'on porte les regards. Et, au milieu de tout ce coloris, un grouillement, une cohue d'êtres humains, drapés dans de longs voiles blancs, qui s'agite, se presse, piétine, dans des rues étroites, sans trottoirs, toujours recouvertes d'une boue noire et gluante.

Mais nous ne pouvons prolonger davantage notre exploration dans l'intérieur de la ville. Nous sommes attendus pour dîner chez notre hôte, Sidi Omar Barrada, et nous regagnons son logis.

III

Contrairement aux usages musulmans, notre amphitryon prend ses repas sur une table carrée, entourée de chaises de paille. Décidément, c'est un homme civilisé! A notre arrivée, le couvert est déjà dressé. Un grand morceau de cotonnade, non ourlé et couvert de taches, sert de nappe; les assiettes, en faïence bariolée, sont garnies, en guise de serviettes, de petits mouchoirs de poche, en coton blanc, à bordures brodées en soie rose; ces pseudo-serviettes qui ressemblent, à s'y méprendre, à ces petites pochettes festonnées que portent nos élégants, ont indiscutablement déjà servi!

Barrada, en notre honneur, a invité deux convives. L'un est Allemand : c'est un des Européens qui séjournent à Fez. Il y vend des marchandises à la commission pour le compte d'une maison de Tanger. Il baragouine très drôlement le français et parle un peu l'arabe. C'est un jeune homme de vingt-trois à vingt-quatre ans, encore presque imberbe, à figure pouparde et réjouie.

L'autre est un beau Maure, d'une trentaine d'années, à la physionomie très intelligente, élégamment vêtu d'un costume indigène aux couleurs neutres que recouvre un léger burnous d'une blancheur immaculée. Il est coiffé d'un mince turban et chaussé de babouches jaunes.

Au premier aspect, il y a quelque chose dans sa figure qui jure avec le costume marocain et que l'on ne s'explique pas bien. C'est que, contrairement à l'usage général des musulmans du Maroc, qui coupent leurs moustaches à la commissure des lèvres, les pointes de la sienne sont longues et effilées.

Quelle n'est pas notre stupéfaction et notre agréable surprise, en l'entendant nous adresser la parole dans le plus pur français!

Sidi Abdenelam B... appartient à une riche famille de Fez. Son père a habité vingt-trois ans Marseille, où il était établi comme commissionnaire en marchandises; il y a épousé une Française dont il a eu plusieurs enfants qui tous ont été élevés à l'européenne. Abdenelam a fait ses études à Marseille; puis, poussé par un goût très prononcé pour les voyages, il se rendit à Paris pour obtenir de la Société de géographie de partir dans la suite de quelque hardi explorateur de l'Afrique centrale. Pendant qu'il y attendait une occasion favorable, il reçut des offres pour se joindre à l'armée anglaise du Soudan en qualité d'officier recruteur. Il accepta et passa ainsi trois ans en Égypte et au Soudan, fit partie de l'expédition envoyée à Khartoum pour délivrer Gordon, puis revint à Tanger revoir son vieux père qui s'était retiré des affaires et s'était fixé dans cette dernière ville.

Après quelques mois de séjour au Maroc, il retourna à Paris, à la suite d'une ambassade marocaine, dont un de ses cousins, grand personnage de l'entourage du sultan, faisait partie. La connaissance qu'il fit de quelques jeunes gens lancés dans la grande vie l'entraîna dans une existence de plaisirs et il ne tarda pas à avoir dépensé toutes ses économies.

Revenu au foyer familial, il y cherchait une situation, quand le directeur du journal *le Réveil du Maroc* profita de la connaissance approfondie que possédait ce jeune homme des mœurs et de la langue du pays pour se l'attacher. Il l'envoya à Fez pour obtenir, pour son compte, du gouvernement chérifien la conclusion de certaines affaires de fournitures d'armes.

Abdenelam nous affirme qu'il est absolument dévoué aux intérêts français et prétend n'être pas étranger à l'échec subi récemment par une mission anglaise envoyée auprès du sultan pour faire accorder d'importantes concessions à des sujets de Sa Gracieuse Majesté.

Nous nous mettons à table. Le dîner du seigneur Omar Barrada se compose de deux plats. L'un est une poule en sauce, avec beaucoup d'oignon haché et absolument cru; l'autre est impossible à définir exactement: ce doit être un ragoût dans lequel on distingue des morceaux de viande coupés menus, des tomates crues, des œufs durs, des poissons bouillis, le tout nageant dans une sauce huileuse, verdie par un hachis de feuilles de menthe.

Il nous est difficile de faire honneur à un pareil festin, mais nous nous rattrapons sur la conversation extrêmement intéressante de

— 16 —

Sidi Abdenclam qui ne tarde pas à faire notre conquête. Il nous donne une quantité de renseignements précieux sur les mœurs et les coutumes des Marocains, ainsi que sur le caractère des hauts fonctionnaires de la cour du sultan.

Le service de la maison Barrada est fait par trois esclaves. Ce sont des jeunes femmes dont la moins âgée peut avoir seize ou dix-sept ans et l'aînée vingt-deux. La jeune est d'un caractère très gai; elle rit de notre costume et de notre langage. Les expressions arabes dont nous nous servons, lorsque nous voulons lui

FEZ. PRINCIPAUX TYPES MAROCAINS.

demander ce dont nous avons besoin, l'amusent beaucoup et elle les répète drôlement, en essayant d'imiter notre accent; mais elle le fait de telle sorte que ce jeu a bien moins l'air d'une moquerie que d'une espièglerie.

La seconde, au contraire, conserve constamment une expression de profonde mélancolie. Elle fait son service sans bruit, ses grands yeux toujours baissés, et lorsqu'elle relève par hasard les paupières, on aperçoit un fugitif regard, toujours empreint d'une profonde tristesse.

La troisième, grande et forte mulâtresse, aux traits assez réguliers, est plus spécialement chargée des soins de la cuisine. Elle se montre rarement et paraît commander aux deux autres. Elle a

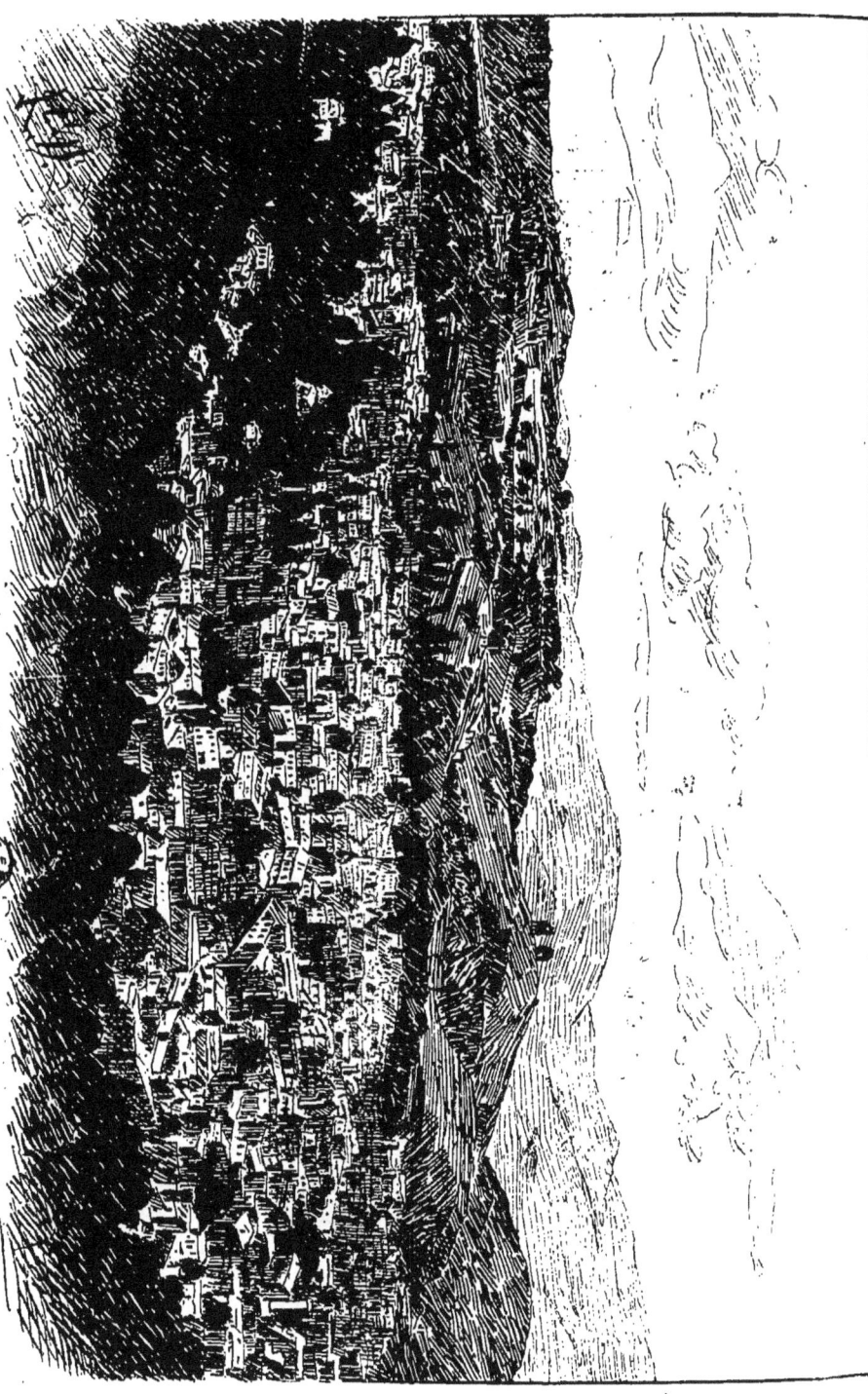

FEZ, PARTIE OUEST.

une fillette de cinq à six ans qui est très mignonne et que Barrada paraît affectionner beaucoup.

Comme nous nous apitoyons sur le sort de ces malheureuses, enchaînées par l'esclavage, Abdenelam se récrie et nous affirme que ces femmes sont très contentes de leur situation et refuseraient d'en changer, si on le leur offrait.

L'esclavage, nous explique notre interlocuteur, est si bien entré dans les mœurs du pays, que c'est à grand'peine que la diplomatie européenne est parvenue à obtenir du sultan l'abolition des ventes publiques d'esclaves, dans la ville de Tanger seule. Les Maures de la « ville des chiens » ne se privent pas d'esclaves pour cela ; il les font simplement acheter sur les marchés des villes de l'intérieur du Maroc, au lieu de les choisir eux-mêmes, sur place. Encore certains marchands viennent-ils offrir à domicile, aux riches Marocains de Tanger, les esclaves dont ils peuvent avoir besoin.

Mais c'est une erreur de croire, nous dit Abdenelam B..., que la condition de l'esclave est malheureuse dans l'empire chérifien. Il est généralement tout aussi bien, sinon mieux traité que les domestiques européens, au point de vue des soins et de la subsistance. Il trouve même chez son maître plus de confortable qu'il n'en aurait assurément s'il vivait librement dans son pays d'origine et, pour une race dont l'existence est essentiellement végétative, la privation de la liberté est d'autant moins vivement ressentie que la plupart des esclaves seraient fort embarrassés, si on la leur rendait. La plupart des Marocains qui ont de jolies esclaves leur font partager leur couche et ils vendent les enfants qui naissent de ces unions. C'est pour eux une source de bénéfices très sérieux, une jolie fillette de sept à huit ans, bien charpentée, se vendant couramment de quatre à cinq cents francs.

D'après les lois du Coran, le possesseur d'un esclave est tenu de le bien traiter et même de le remettre en vente, s'il demande à changer de maître ; mais, dans la pratique, comme le témoignage de l'esclave n'est pas admis en justice, il est, en réalité, à l'entière discrétion de celui auquel il appartient.

Presque chaque jour, il y a, au Bazar des esclaves, à Fez, appelé *Souk-el-Abid* (le marché des gazelles !) une vente publique aux enchères, où l'on présente des enfants, des jeunes filles et des femmes de diverses nuances, depuis les négresses du plus pur ébène, importées du Soudan, jusqu'aux belles mulâtresses à la peau légèrement bistrée, et aux filles du pays, à la peau blanche.

La place du marché est une grande cour carrée, entourée de sortes de niches et dont le milieu est couvert.

Les vendeurs présentent, à tour de rôle, les sujets offerts, les promenant et les livrant aux investigations minutieuses et indiscrètes de quiconque veut se rendre compte.

Après examen, l'esclave est mise aux enchères et adjugée au plus offrant.

L'état de dissolution morale au Maroc est telle qu'à quatorze ou quinze ans les jeunes gens de famille aisée ont tous leur esclave. Ce sont les parents eux-mêmes qui la leur fournissent, de même que chez nous les pères généreux offrent à leurs fils un beau poney ou une automobile.

En outre de ses trois esclaves, Barrada possède une femme légitime, mais celle-ci ne se montre jamais. A peine avons-nous pu apercevoir, derrière un rideau masquant l'entrée d'une chambre, un œil curieux qui nous examinait. Les Maures, comme on le sait, mettent un soin jaloux à préserver leur femme de la vue de tout étranger.

IV

Nous avions fait demander, dès notre arrivée, une audience à notre ambassadeur qui avait répondu qu'il nous attendait le lendemain.

Nous nous mettons en route pour nous rendre au Palais mis à la disposition du ministre de France. Cette demeure est située au milieu des jardins entourant *Fez-El-Djedid;* pour y arriver, nous devons traverser une bonne partie du vieux Fez.

A peine nous sommes-nous engagés depuis un quart d'heure dans le dédale des ruelles, que nous entendons les éclats d'une musique sauvage. Le mokrassi, qui ouvre la marche, s'arrête net, puis se retourne précipitamment; notre guide, donnant les signes de la plus vive émotion, nous crie qu'il faut promptement rétrograder. Nous ne comprenons rien à cette retraite soudaine; mais nous suivons nos hommes d'escorte qui s'empressent, en excitant nos bêtes de la voix et du bâton, de nous entraîner dans une autre direction.

Ils nous expliquent enfin que nous avons failli nous jeter au milieu d'une procession d'*Aïssaouas*, dans laquelle nous aurions couru, paraît-il, les plus grands dangers.

On nous raconte que, la veille au matin, notre ambassadeur, ayant désiré visiter la ville, le caïd, qui faisait escorte avec cinquante cavaliers armés, avait dû faire faire un grand nombre de détours au ministre et à sa suite, dans la crainte que lui inspirait la rencontre possible de cette bande de forcenés fanatiques.

Les Aïssaouas forment, dans tous les pays d'Islam, une puissante secte religieuse. Ce sont des illuminés qui, après s'être énervés en fumant du kif, et en quelque sorte hypnotisés par un long balancement rapide et violent de la tête, successivement projetée en avant et en arrière, se prétendent réfractaires à toute douleur. Réunis à l'occasion des grandes fêtes religieuses, ils parcourent les villes et, dans les processions à travers les rues, se livrent à de hideux exercices.

Continuellement excités par les sons d'une musique barbare, au rythme monotone, ainsi que par les cris de la foule, qui fait la haie sur leur passage, ils arrivent bientôt au paroxysme de la folie furieuse. Alors, on les voit avaler des cailloux, du verre, des feuilles épineuses de cactus, se taillader les chairs avec des rasoirs, se frapper la tête à coups de hachette. Ruisselants de sang, couverts de sueur et de poussière, ils ont plutôt l'apparence de bêtes fauves que d'êtres humains, et ils continuent ainsi à se démener en hurlant, jusqu'à ce que, complètement épuisés, ils roulent à terre, inanimés.

Les jours où les *Aïssaouas* circulent dans les rues, les juifs du pays se renferment étroitement chez eux, car, si l'un d'eux venait à être rencontré par cette horde de possédés, il serait immédiatement saisi et mis littéralement en lambeaux, comme font ces fous pour les chiens qu'ils trouvent sur leur passage. Ils les écartèlent tout vifs. C'est un spectacle ignoble auquel nous avons assisté, à Tanger, de la terrasse d'une maison de la place du *Grand Socco*, mais il paraît qu'ils sont encore très modérés dans les excès auxquels ils se livrent, dans cette ville européanisée. On cite plusieurs crimes commis par ces *Aïssaouas,* qui se disent, et c'est ce que leur nom signifie d'ailleurs, « disciples de Jésus. »

Notre guide nous dirige vers une autre des portes de la ville. Elle est extérieurement garnie de gros crochets de fer où nous voyons avec horreur que l'on a suspendu les têtes fraîchement coupées de sept chefs insurgés d'une tribu des environs d'*El-Ksar-El-Kebir*.

Le chemin que nous avons pris nous oblige à un détour de plus de six kilomètres. Après avoir contourné la majeure partie de l'enceinte des hauts remparts qui environne *Fez-Medina*, avoir traversé de grands espaces vides et déserts, semés de fondrières, coupés d'énormes trous, de monticules, de monceaux d'immondices, nous longeons les grands murs du *sérail* et arrivons enfin dans le quartier des Jardins.

Ces jardins sont rigoureusement clos et nous devons nous engager dans un nouveau dédale de petits chemins étroits, bordés de vieux murs en pisé, couverts de boue. Notre guide se perd plusieurs fois dans ce labyrinthe où nous ne rencontrons aucun passant pour nous indiquer notre route.

Partis à huit heures et demie, ce n'est qu'à dix heures et demie que nous nous trouvons en face d'une vieille porte vermoulue ouvrant sur un mur lézardé, sur le seuil de laquelle quelques soldats du sultan, accroupis à terre, nous indiquent que nous sommes enfin arrivés au Palais du ministre.

V

Nous traversons d'abord une petite cour entourée, sans aucune symétrie, de laides constructions sans caractère, et dans laquelle nous apercevons une sorte de hangar ouvert, servant d'écurie pour les chevaux des membres de l'Ambassade.

Puis, après avoir franchi un étroit corridor auquel on accède par plusieurs marches d'un mauvais escalier, nous nous trouvons dans une admirable cour intérieure, digne des palais des *Mille et une Nuits*.

LA FÊTE DES AISSAOUAS.

Cette cour, dallée de marbre blanc, est entourée, sur trois côtés, d'une large galerie formée d'arcades ogivales du plus pur style mauresque; elle s'ouvre sur un immense jardin d'orangers couverts de fleurs, dans lequel on aperçoit, de tous côtés, des bosquets de verdure et de roses, des tonnelles de jasmins et de clématites. Au centre de la cour, des eaux jaillissent en larges gerbes, dans une splendide vasque en marbre.

Après avoir traversé un vaste corps de logis, on arrive à une seconde cour intérieure, non moins belle que la première, et s'ouvrant également sur des jardins. Celle-ci est traversée par un large canal, dérivé de l'*Oued-Fez*, qui vient apporter une fraîcheur délicieuse dans cette demeure vraiment princière.

Notre ambassadeur nous reçoit dans une pièce du premier étage, entièrement couverte d'admirables tapis et meublée à l'européenne.

Son accueil est des plus cordiaux. Il prend connaissance de la lettre du ministre des Affaires étrangères et nous causons longuement de notre voyage. Puis, la conversation s'engage sur le Maroc et sur la politique française dans ce pays. Il nous explique qu'il est venu à Fez pour présenter au sultan ses lettres de créance; mais ce qu'il ne dit pas, et ce qui est pourtant facile à comprendre, c'est qu'il a surtout pour mission d'encourager le gouvernement chérifien à résister aux exigences, toujours plus grandes, de certaines nations européennes. Il ne veut rien demander pour la France, mais simplement empêcher les autres puissances d'obtenir le moindre avantage. C'est une attitude chevaleresque et désintéressée que veut prendre notre ministre : c'est du pur don quichottisme, absolument ridicule et encore plus déplacé dans cet empire chérifien que partout ailleurs.

La politique séculaire des chérifs consiste dans un système de bascule. S'ils paraissent incliner du côté d'une puissance, c'est toujours pour éviter d'obtempérer aux demandes d'une autre; mais c'est avec l'intention bien arrêtée de n'en favoriser aucune, sachant que la sauvegarde de cet empire qui s'effondre réside dans la compétition et la rivalité que les ministres du sultan entretiennent, avec tant d'habileté, entre les États européens.

Mais, hélas! pendant que nos diplomates ont continué à jouer ce rôle grotesque de gardien vigilant des prérogatives de Sa Majesté chérifienne, les autres ministres plénipotentiaires ont, eux, suivi une autre ligne de conduite. Ils se sont posés également en champions et en défenseurs des biens impériaux, mais, pour prix de leur protection, ils se sont fait accorder des concessions importantes, dont ils jouissent actuellement. Et nous, les Français, avec notre habituelle jobarderie, nous les avons regardés faire! Réellement, nous sommes incorrigibles!

Voilà les tristes réflexions que nous suggère notre entretien avec le ministre plénipotentiaire de France au Maroc. Mais, naturellement, nous nous gardons bien de faire part de ces observations au diplomate éclairé avec lequel nous avons l'honneur de causer.

Nous rentrons à une heure, chez Barrada. Il est parti, mais il a laissé à ses esclaves l'ordre de nous servir à déjeuner. C'est de sa part une marque de grande confiance, car les musulmans n'admettent jamais, d'habitude, dans leur logis, la présence d'un étranger, quand le maître de la maison n'est pas là.

Notre repas terminé, nous nous rendons au bureau de la poste française, dans l'espoir que le courrier nous aura apporté quelque lettre d'Europe.

VI

La poste française de Fez a été organisée, il y a quelques années, par la maison J. Jaluzot, des grands magasins du *Printemps*, de Paris.

Autrefois, les relations par correspondance, entre le littoral et l'intérieur du pays, n'étaient assurées que par l'intermédiaire de *Rekas* (ou coureurs).

Les *Rekas* forment une corporation composée d'intrépides marcheurs qui se chargent, moyennant un salaire relativement minime, de transporter à destination les lettres de leurs clients. Tous les commerçants de l'intérieur du Maroc sont abonnés au service des *Rekas*.

Ces coureurs vont indifféremment de Tanger à Fez, de Fez à Rabat, de Larache à Mequinez, de Mazagan à Marakech, de Marakech à Mogador. Ils parcourent à pied une distance moyenne de trente kilomètres par jour, et mettent, par exemple, sept à huit jours pour franchir les 230 kilomètres qui séparent Fez de Tanger.

Depuis plusieurs années, la maison Jaluzot, ayant voulu se créer à Fez des débouchés, a obtenu l'autorisation d'y établir un comptoir; puis, frappée des inconvénients qui résultaient de la lenteur des communications, elle s'est entendue avec la Légation de France au Maroc et a organisé, à ses frais, risques et périls, un service très régulier et beaucoup moins lent que celui des *Rekas*.

Ce sont toujours des coureurs marocains qui transportent les correspondances, mais, grâce au recrutement d'un personnel d'élite, recevant une haute paye de soixante francs par voyage, et à l'organisation de relais permettant à chaque coureur de parcourir près de cinquante kilomètres d'un seul trait, les lettres, maintenant transportées par ce nouveau service, ne mettent plus que trois jours environ pour parvenir de Tanger à Fez.

Le bureau de Fez est tenu par M. F..., jeune homme français, qui s'occupe, en même temps, de la vente de diverses marchandises pour le compte de la maison Ch. Grautsch et Cie, les représentants, à Tanger, des grands magasins du *Printemps*.

Nous rencontrons chez M. F... le maréchal des logis d'artillerie, que l'on appelle ici le caïd M... Il fait partie de la mission militaire permanente que le gouvernement français entretient à Fez auprès du sultan et qui se compose de deux officiers d'artillerie, MM. le commandant C... et le capitaine T..., d'un médecin-major de première classe, M. L..., et du maréchal des logis, M...

Ces deux officiers et ce sous-officier sont chargés de former les troupes du sultan et de leur apprendre le maniement d'une batterie de canons de montagne que le gouvernement français a donnée à l'empereur.

On nous explique que, non seulement la mission militaire est mal vue du Sultan et de son entourage, qui ne la tolère que parce qu'elle lui est imposée, mais qu'elle est, en même temps, en butte aux vexations de la Légation de Tanger qui ne fait absolument rien pour tâcher d'améliorer la situation pénible dans laquelle nos officiers se trouvent à Fez.

D'après ce qu'on nous dit, la mission s'énerve dans la capitale marocaine, où elle se trouve contrainte à la plus complète oisiveté. En réalité, le rôle d'instructeurs de nos envoyés est nul; ils ont dû, depuis longtemps, renoncer à apprendre quoi que ce soit aux soldats du Sultan, dont la mauvaise volonté et la paresse sont invincibles. Aucune discipline n'existe dans l'armée chérifienne. Les soldats ne se réunissent que pour les jours de fêtes, lorsque le Sultan veut parader devant les ambassadeurs, ou en cas d'expédition contre des tribus qui refusent de payer l'impôt. Ils se font, d'ailleurs, généralement battre à plates coutures par les rebelles. En dehors de ces cas, les troupes n'étant pas payées, chaque soldat vit de son métier ou devient voleur et pillard.

TÊTES DE REBELLES, D'EL KSAR EL KÉBIR.

La mission se plaint du mauvais logement qui lui est assigné. Non seulement on refuse de lui en donner un meilleur dans une des très nombreuses maisons inoccupées de la ville, mais on ne néglige aucune occasion de lui être désagréable.

Il paraît que c'est du reste une tactique générale, employée envers tous les Européens qui séjournent dans l'intérieur du Maroc. On s'efforce de les dégoûter pour les faire déguerpir sans employer de moyens violents qui entraîneraient des complications diplomatiques. Les nationaux des puissances européennes, autres que la France, seraient plus favorisés que nos compatriotes parce que leurs légations de Tanger leur prêteraient un appui efficace. La nôtre, dans la crainte d'avoir le souci de défendre ses nationaux, ferait elle-même tout son possible pour les décourager et les empêcher de se fixer au Maroc.

UNE PORTE DU REMPART A FEZ.

C'est, d'après les Français dignes de foi, avec lesquels nous nous sommes entretenus de cette question, pendant notre voyage, à cette cause seule qu'il faudrait attribuer la très minime proportion de nos compatriotes établis au Maroc.

VII

Sidi Abdenelam B..., venu à la poste pour prendre son courrier, se joint à la conversation. Tous nos interlocuteurs sont parfaitement d'accord sur ce point que ce qui nuit le plus à l'influence française au Maroc, c'est le changement beaucoup trop fréquent des chefs de la légation. Selon eux, les ministres représentant le gouvernement de la République, n'ignorant pas qu'ils n'ont que peu de temps à rester à Tanger, tâchent de le passer le plus agréablement possible, en évitant, avant tout, les incidents et les complications politiques qui leur occasionneraient des soucis et surtout qui pourraient nuire à leur avancement.

Par contre, les autres gouvernements européens, et en particulier l'Angleterre, auraient pris soin d'envoyer auprès de Sa Majesté chérifienne des représentants qui sont restés à leur poste le plus longtemps possible. Et ce qui aurait fait la force de la diplomatie anglaise, dans ce pays, c'est que, depuis un siècle, le gouvernement britannique a confié la gestion de ses intérêts, au Maroc, à la famille des Drummond-Hay, qui, de père en fils, pendant trois générations, a eu la direction de la légation de Tanger. Elevés dans le pays, les ministres de la Grande-Bretagne en connaissaient à fond les mœurs et les usages; ils y suivaient une ligne de conduite très étudiée qui était seule capable de leur assurer une prépondérance constante auprès du Sultan. Enfin, ils avaient l'immense avantage de connaître la langue du pays et d'être, par cela même, affranchis de l'intermédiaire des *drogmans* (interprètes) qui seraient, au dire de ces messieurs, le vrai fléau de la diplomatie européenne au Maroc.

Nous prenons congé de nos compatriotes en nous promettant de nous revoir prochainement. Abdenelam B... se met très obligeamment à notre disposition pour nous faire visiter la ville et nous engage vivement à aller assister le surlendemain aux grandes fêtes du Mouloud.

Nous rentrons pour dîner chez Omar Barrada, mais le menu est composé de plats tellement écœurants que nous pouvons à peine y goûter. Ce sont des hachis de viande nageant dans l'huile rance, des ragoûts de poule assaisonnés de piment, de courge sucrée, de graines de nigelle, le tout servi dans des assiettes si sales que le cœur se soulève de dégoût. Il nous sera impossible de nous habituer à ce régime !

VIII

Nous achevons de déjeuner, le lendemain, lorsqu'un soldat du Pacha vient nous apporter la clef de la demeure que nous octroie le gouvernement impérial.

Nous allons de suite la visiter. Elle est située au fond d'une sombre impasse où le soleil ne peut jamais pénétrer. Une massive porte basse, sous laquelle on ne peut passer qu'en se courbant, donne accès dans une antichambre obscure ; puis, on pénètre dans une grande cour intérieure, carrelée de belles faïences anciennes du pays et ornée au centre d'un joli jet d'eau retombant dans une large vasque. De grandes et hautes pièces, à gigantesques portes à deux battants, en chêne sculpté, s'ouvrent sur cette cour à ciel ouvert, qui se trouve abritée en partie par une large galerie en bois, soutenue par des colonnes de marbre. Partout, une profusion de boiseries, d'arabesques et de sculptures magnifiques.

Cet antique palais a tout à fait grand air ; malheureusement il est inhabitable. Ce n'est plus qu'une vaste ruine. Les boiseries sont rongées par la moisissure; les plâtres se sont effrités; les murs, suintant l'humidité, sont lézardés de haut en bas. L'ensemble offre l'aspect d'un lamentable délabrement. On voit que, depuis bien des années, on serait tenté de dire des siècles, cette maison est complètement abandonnée.

Nous préférons encore le logis d'Omar Barrada à cette grandiose demeure et, puisqu'on ne peut nous trouver une habitation plus convenable, nous décidons que nous installons définitivement notre « home » provisoire dans les pièces peu confortables, mais au moins propres, où nous avons déjà passé les quelques jours qui se sont écoulés depuis notre arrivée à Fez.

Notre guide Amsellem nous préparera nos repas selon les indications que nous lui donnerons.

IX

Aujourd'hui, 4 octobre, doit avoir lieu, à l'occasion de la fête du Mouloud, la grande revue des troupes marocaines, passée par le Sultan lui-même.

Dès six heures du matin, les canons tonnent. Les habitants de Fez, qui ont revêtu leurs plus riches costumes, se dirigent en hâte vers la plaine, hors des portes de la ville, devant les quartiers du Marhzen. Les rues sont encombrées d'une foule compacte de piétons et de cavaliers qui se bousculent et s'écrasent pour arriver les premiers. Montés sur nos mulets et escortés de notre guide et du Mokrasni, nous avons beaucoup de peine à nous frayer un passage jusqu'à l'une des portes latérales de la ville qui s'ouvrent sur la campagne.

Après un long détour, et en suivant un petit chemin, bordé de précipices, qui passe au-dessus de carrières abandonnées, nous arrivons sur le champ de manœuvres et nous nous dirigeons vers un petit tertre qui domine la vaste plaine, entièrement couverte de Marocains sur un rayon de plus de trois kilomètres. Il y a là, sans exagération, plus de cinquante mille hommes : les troupes marocaines, les chefs, superbement drapés dans des burnous aux couleurs éclatantes, les gouverneurs de provinces, les caïds, entourés de leurs *goums*, se livrant à des fantasias échevelées; des pelotons de beaux cavaliers, escortant des étendards verts, jaunes ou rouges, surmontés de croissants dorés ou argentés. Tout ce monde va, vient, galope, se heurte, se coudoie, dans un fouillis éclatant de couleurs, sous un ruissellement de lumière. Ce qui frappe surtout, c'est le désordre indescriptible qui règne partout. Une troupe se dirige au galop vers le nord, tandis que d'autres courent à l'est ou au sud. Ce ne sont que des chevauchées de bandes qui s'entremêlent, se croisent, se bousculent dans un enchevêtrement fantastique dont le spectacle des foules et des fêtes d'Europe ne peut donner aucune idée.

**

Sur le tertre où nous arrivons notre ministre plénipotentiaire, à la tête de tous les membres de la légation, a déjà pris position.

Devant les membres de la Mission française, des soldats de la garde impériale, à pied, maintiennent la foule et réservent une large place par où doit passer bientôt le Sultan et sa suite.

Notre ambassadeur nous invite à nous placer à ses côtés et, pendant plus d'une heure, sous un soleil de feu, dont il ne nous est pas possible de nous garantir, nous attendons le spectacle grandiose et inoubliable qui se déroule sous nos yeux.

Au loin, dans la plaine, nous apercevons des masses compactes qui se meuvent dans toutes les directions. De tous côtés, éclatent des décharges de mousqueteries, suivies de grands cris sauvages, poussés par les cavaliers, lancés à la charge.

L'artillerie, composée de quatre canons de campagne, se rue au galop, sans s'inquiéter autrement de la foule qui fuit à son approche pour lui livrer passage, s'arrête tous les cent mètres pour lâcher une décharge générale et repart toujours au galop des six chevaux attelés à chaque pièce.

Le commandant C... vient saluer l'ambassadeur et plaisante avec lui sur la gaucherie et le grotesque accoutrement des hommes de sa batterie. Trois canons, suivis de leur caisson, ont pu gravir la butte sur laquelle nous nous trouvons et passer devant nous. Les attelages ne sont pas montés; les servants courent à pied, excitant et frappant les chevaux à grands coups de bâton. Un avant-train arrive dix minutes en retard, poussé, tiré, hissé par des soldats débraillés, les chevaux refusant d'avancer. La pièce suit à deux cents mètres en arrière, portée, en quelque sorte, à bras d'hommes : cinq hommes tirent l'affût, quatre sont aux roues, cinq ou six poussent à l'arrière, enfin, tant bien que mal, ils parviennent à rejoindre le reste de la batterie qui s'est arrêtée pour attendre la pièce retardataire.

A notre droite, passe un groupe d'étendards, escorté d'une garde d'honneur de cavaliers, richement vêtus. Des hommes se bousculent, s'écrasent pour aller baiser, au passage, l'étoffe d'un grand drapeau vert, bordé d'une frange d'or.

Tout à coup, un bruit éclatant de fanfare arrive jusqu'à nous. La foule des assistants se précipite dans la direction de la musique en poussant des hourras frénétiques. C'est la musique de la garde du Sultan qui s'avance en tête du cortège impérial.

LA FÊTE DES AISSAOUAS.

D'abord, chevauche fièrement une troupe de cavaliers aux grands burnous multicolores au milieu de laquelle flottent une masse de superbes étendards; puis une foule compacte de fantassins suit pêle-mêle, sans ordre, comme un immense troupeau.

Ensuite, s'avance un grand éléphant, entièrement caparaçonné de draperies éclatantes, frangées d'or, portant sur le dos une plate-forme à balcon, sur laquelle se tient gravement son cornac, richement vêtu en radja indien. Cet éléphant a été offert au Sultan par la reine Victoria. La tête de l'animal est peinturlurée d'arabesques aux couleurs voyantes, où dominent le rouge et le vert.

Vient alors une nouvelle troupe de fantassins, un peu moins déguenillés que les premiers; puis, après un grand espace libre, le Sultan, monté sur un superbe cheval d'une blancheur immaculée, sellé et harnaché de soie verte.

L'Empereur est immédiatement précédé de deux *Mechouara* ou hérauts, à pied, qui crient ses titres et ses louanges.

Deux officiers de sa garde d'honneur, également à pied, tiennent la bride de son cheval ; un autre l'abrite sous un vaste parasol de soie rouge de forme chinoise ; deux grands nègres agitent constamment des linges blancs autour de sa tête pour en écarter les mouches.

Derrière lui, son premier ministre : puis le peloton serré de tous les grands dignitaires de la cour et, enfin, fermant la marche, une quarantaine de jeunes gens, vêtus de burnous verts. Ce sont les *cherifs,* les fils préférés de Sa Majesté.

Une immense clameur s'élève sur le passage de ce cortège ; ce sont les vivats des fidèles musulmans qui, prosternés, la figure dans la poussière, crient de toute la force de leurs poumons : « Gloire à Dieu ! à notre Maître, le Grand, le Puissant, l'Invulnérable Empereur des Croyants ! » Les canons tonnent sans relâche ; c'est un vacarme assourdissant, au milieu duquel le Sultan, impassible, s'avance majestueusement, drapé dans les larges plis d'un burnous d'une éclatante blancheur, dont le capuchon est relevé sur la tête.

Il vient droit à nous et, arrivé à cinq pas de notre ambassadeur, il s'arrête. Le *caïd Mechouar* (Grand maître des cérémonies) s'avance et souhaite la bienvenue à notre représentant de la part du Sultan.

Le ministre de France et son premier drogman saluent et font avancer leurs chevaux jusqu'à deux pas du Sultan, qui sourit légèrement en inclinant un peu la tête et marmotte quelques mots à voix basse. Le caïd Méchouar hurle de plus belle son éternel « Sidna Salem » et le représentant de la France remercie l'Empereur, puis se recouvre pendant que sa suite reste tête nue sous le soleil.

Notre ambassadeur est vêtu d'une pelisse en cachemire blanc, soutachée de soie blanche à collet et revers de manches garnis d'un large galon d'or, d'une culotte collante blanche, de grandes bottes jaunes et coiffé d'un casque couvert en toile blanche.

Sa suite est habillée de costumes de ville. Seul, le major L... est en uniforme de médecin militaire de première classe.

**

On ne peut s'empêcher de remarquer la piteuse mine que fait la mission française, avec ses cinq membres aux vêtements sombres et étriqués, au milieu de tous ces riches costumes aux couleurs vives et aux grands burnous flottants. Il est certain que ce peuple primitif, admirateur du faste et de l'apparat, doit faire là une comparaison peu favorable à notre prestige.

L'ambassade anglaise, venue à Fez, il y a peu de temps, se composait, dit-on, de plus de soixante personnes et comprenait un bon nombre d'officiers en grand uniforme.

Le Sultan, après ces quelques minutes d'entretien avec notre ministre, reprend majestueusement sa marche triomphale, au milieu des hourras de son peuple.

Un Marocain, sale et déguenillé, est parvenu à se glisser entre les jambes des chevaux; il surgit tout à coup en face du Sultan et se précipite à ses pieds, sans doute pour lui adresser une supplique ou lui demander justice; mais il est aussitôt bousculé par les soldats qui l'écartent brutalement. Le malheureux, rejeté du côté de l'ambassadeur, saisit la bride du ministre de France, probablement pour se mettre sous sa protection; mais celui-ci croit à une agresssion; il pâlit fortement et fait cabrer sa bête. Une bousculade générale se produit. Le malheureux fellah est frappé à grands coups de crosse, enlevé, jeté comme une pelote, de soldat en soldat; il roule sous les pieds des chevaux et le torrent passe sans que nous ayons pu savoir ce que ce pauvre diable est devenu.

**

La cavalerie marocaine, bien que composée d'unités indisciplinées, n'ayant jamais reçu d'instruction militaire, n'en constitue pas moins un ensemble de valeur. Les cavaliers, vêtus de leurs larges burnous, coiffés du haut bonnet rouge et armés de leurs longs fusils, présentent, en main, un aspect imposant.

Mais l'infanterie impériale est du dernier grotesque. Les fantaisies les plus extraordinaires des caricaturistes ne sauraient atteindre au degré de comique que cette armée offre à la vue de l'Européen.

Au Maroc, le recrutement des troupes du Sultan s'opère de la façon suivante: chaque famille doit fournir un homme, mais elle est libre de désigner celui d'entre ses membres qui est inutile à la communauté: ce sont donc les vieillards et les enfants de quinze à seize ans qui paient le tribut imposé par le Gouvernement.

Quant aux familles riches des villes, elles fournissent simplement un esclave nègre. De sorte que l'infanterie marocaine est composée de vieillards presqu'impotents, d'enfants et de noirs.

Sauf le bataillon, spécialement affecté à la garde de l'Empereur, uniformément habillé de rouge, le reste de la troupe est vêtu de guenilles aux couleurs les plus disparates. Quelques uns seulement, vêtus d'uniformes neufs indiquent quel doit être le costume officiel: les fantassins devraient avoir une veste rouge et un large pantalon bleu; mais la plupart n'ont plus qu'une des deux parties du vêtement; d'autres n'ont ni veste, ni pantalon et ne sont couverts que d'une *djelaba* (chemise) couleur de terre. Presque tous sont jambes nues; quelques rares privilégiés sont chaussés de babouches jaunes.

Ces soldats sont armés de fusils des modèles les plus variés: fusils à pierre, à piston, à aiguilles, carabines de fabrication anglaise, belge ou allemande, chassepots, Lefaucheux, etc... Rien ne serait plus facile que de réunir immédiatement, dans la troupe marocaine, une collection complète des armes à feu de tous les systèmes connus depuis plus d'un siècle. Et, comme chaque modèle des systèmes nouveaux exige des cartouches différentes, on se demande comment, en temps de guerre, pourrait être organisé le service des munitions!

L'instruction du soldat marocain paraît consister uniquement dans l'art de savoir charger son fusil. Quant à leur apprendre le maniement cadencé, on n'y a même jamais songé, et il n'est rien de plus amusant que de voir la façon dont chaque soldat porte et manœuvre l'arme qu'il a entre les mains.

A. et R. Garnier.

REKA (COUREUR DE LA POSTE).

www.ingramcontent.com/pod-product-compliance
Lightning Source LLC
Chambersburg PA
CBHW060557050426
42451CB00011B/1953